Flowers For Klara And Other Bilingual Swedish-English Stories For Beginners

Pomme Bilingual

Published by Pomme Bilingual, 2024.

FLOWERS FOR KLARA AND OTHER BILINGUAL SWEDISH-ENGLISH STORIES FOR BEGINNERS

First edition. November 25, 2024.

Copyright © 2024 Pomme Bilingual.

ISBN: 979-8230138112

Written by Pomme Bilingual.

Table of Contents

Under Stjärnorna

Olof bodde i en liten stad. Han arbetade i en butik och drömde om ett annat liv. En dag fick han en inbjudan till en stor fest i en villa på landet. Inbjudan kom från Signa, en rik och vacker kvinna som ingen visste mycket om.

Olof tog på sig sin finaste skjorta och åkte till villan. Huset var stort och vitt, med lampor som lyste i trädgården. Gästerna var klädda i dyra kläder, och musiken spelades högt. Olof kände sig nervös, men han ville se vad som fanns bakom den glänsande fasaden.

Signa hälsade på honom vid dörren. Hon log stort och gav honom ett glas champagne. "Välkommen, Olof," sa hon. "Jag har hört mycket om dig." Olof visste inte vad hon menade, men han nickade och tackade henne.

På festen fanns det massor av mat och dryck. Gästerna skrattade och pratade. Olof såg på Signa. Hon rörde sig elegant genom rummet, som om hon ägde världen.

Senare på kvällen gick Olof ut i trädgården. Där träffade han en man som arbetade för Signa. Mannen var gammal och såg trött ut. "Är du ny här?" frågade mannen.

"Ja," svarade Olof. "Signa verkar väldigt rik."

Mannen skrattade lågt. "Rik? Nej, allt detta är lånat. Huset, kläderna, till och med maten. Signa lever på andras pengar."

Olof blev förvånad. Han gick tillbaka in i huset och såg sig omkring. Nu såg han festen med nya ögon. Gästerna verkade mindre glada, musiken lät falsk, och Signas leende var inte lika vackert längre.

När kvällen var över tackade Signa honom för att han kom. "Jag hoppas du hade en fin kväll," sa hon.

Olof log tillbaka, men han kände sig tom. Han gick hem under stjärnorna och tänkte på vad han hade lärt sig. Ibland är inte allt som det verkar.

Under the Stars

Olof lived in a small town. He worked in a store and dreamed of a different life. One day, he received an invitation to a big party at a villa in the countryside. The invitation came from Signa, a rich and beautiful woman whom no one knew much about.

Olof put on his finest shirt and went to the villa. The house was large and white, with lights shining in the garden. The guests were dressed in expensive clothes, and the music played loudly. Olof felt nervous, but he wanted to see what was behind the shiny facade.

Signa greeted him at the door. She smiled widely and gave him a glass of champagne. "Welcome, Olof," she said. "I've heard a lot about you." Olof didn't know what she meant, but he nodded and thanked her.

At the party, there was plenty of food and drink. The guests laughed and talked. Olof watched Signa. She moved gracefully through the room, as if she owned the world.

Later in the evening, Olof went outside to the garden. There, he met a man who worked for Signa. The man was old and looked tired. "Are you new here?" the man asked.

"Yes," Olof replied. "Signa seems very rich."

The man chuckled quietly. "Rich? No, all of this is borrowed. The house, the clothes, even the food. Signa lives off other people's money."

Olof was surprised. He went back inside the house and looked around. Now, he saw the party with new eyes. The guests seemed less happy, the music sounded fake, and Signa's smile wasn't as beautiful anymore.

When the evening was over, Signa thanked him for coming. "I hope you had a nice evening," she said.

Olof smiled back, but he felt empty. He walked home under the stars, thinking about what he had learned. Sometimes, not everything is as it seems.

Ett Brev till Ingen

Hilda bodde i en liten by. Hon arbetade på posten och levde ett lugnt liv. Varje dag såg hon människor gå förbi hennes fönster. Hon undrade ofta vad de tänkte och kände.

En dag fick Hilda en idé. Hon började skriva brev. Breven var korta och vänliga. I varje brev skrev hon något uppmuntrande, som:

"Du är stark."

"Ge inte upp."

"Du är viktig."

Hilda skickade breven utan att skriva sitt namn. Hon valde mottagare från de människor hon såg från sitt fönster. Det kändes bra att sprida glädje, även om ingen visste att det var hon.

En dag såg Hilda en kvinna på gatan som läste ett av hennes brev. Kvinnan log och lade brevet i fickan. Hilda kände sig varm i hjärtat.

Men en morgon, när Hilda öppnade posten, låg där ett brev adresserat till henne. Det fanns inget namn på avsändaren. Hon öppnade brevet och läste:

"Jag vet vad du gör. Dina brev betyder mycket. Tack."

Hilda blev förvånad. Vem visste hennes hemlighet? Hon tittade ut genom fönstret, men gatan var tom.

Hon började undra. Var det någon hon kände? Eller kanske någon som hade gissat? Hilda kände både glädje och oro. Hon fortsatte att skriva breven, men nu väntade hon varje dag på att få fler ledtrådar.

Med tiden kom inga fler brev. Hilda kände sig lättad men också lite besviken. Hon fortsatte sitt arbete och sitt hemliga projekt. Varje gång hon såg någon läsa ett av hennes brev kände hon en liten gnista av lycka.

Hilda visste inte vem som skrev brevet till henne, men hon visste att hon hade gjort något gott. Och det var nog.

A Letter to No One

Hilda lived in a small village. She worked at the post office and led a quiet life. Every day, she watched people walk past her window. She often wondered what they were thinking and feeling.

One day, Hilda had an idea. She began writing letters. The letters were short and friendly. In each letter, she wrote something encouraging, like:

"You are strong."

"Don't give up."

"You are important."

Hilda sent the letters without signing her name. She chose recipients from the people she saw through her window. It felt good to spread joy, even though no one knew it was her.

One day, Hilda saw a woman on the street reading one of her letters. The woman smiled and put the letter in her pocket. Hilda felt warm inside.

But one morning, when Hilda opened the mail, there was a letter addressed to her. There was no sender's name. She opened the letter and read:

"I know what you're doing. Your letters mean a lot. Thank you."

Hilda was surprised. Who knew her secret? She looked out the window, but the street was empty.

She began to wonder. Was it someone she knew? Or maybe someone had guessed? Hilda felt both joy and unease. She continued writing the letters, but now she waited every day for more clues.

Over time, no more letters came. Hilda felt relieved but also a little disappointed. She continued with her work and her secret project. Every time she saw someone reading one of her letters, she felt a little spark of happiness.

Hilda didn't know who had written the letter to her, but she knew she had done something good. And that was enough.

Kafferep

Evert och Märta var gamla och ägde en liten butik i en sömnig by. De hade sålt allt från knappar till kaffe i över fyrtio år. Varje torsdag stängde de butiken tidigt och gick till torget. Där hade de sitt kafferep.

De tog med sig en termos med kaffe, en burk med kakor och två stolar. De satte sig alltid under det stora trädet mitt på torget. Där pratade de om allt möjligt.

"Har du hört att Anna fått en ny hund?" frågade Märta en dag.

"Ja," svarade Evert. "Den skäller hela natten! Jag hörde den igår."

De skrattade och åt kakor. Men ibland pratade de om större saker också.

"Tror du att världen var bättre förr?" frågade Märta en annan dag.

"Jag vet inte," svarade Evert. "Men jag vet att kaffet var billigare!"

De skrattade alltid tillsammans, oavsett vad de pratade om.

En torsdag satt de som vanligt på torget. Det var en solig dag, och fåglarna sjöng. Två unga kvinnor satt på bänken bredvid dem och pratade lågt. Märta och Evert hörde dem inte först, men sedan höjde en av kvinnorna rösten.

"Men tänk om det är sant?" sa den ena kvinnan.

"Om det är sant, kommer halva byn att bli chockad," svarade den andra.

Evert och Märta tittade på varandra. "Vad tror du de menar?" viskade Märta.

De försökte låtsas som om de inte lyssnade, men det var svårt. Kvinnorna fortsatte att prata.

"Jag hörde att Johan faktiskt sålde marken i smyg," sa den första.

"Det är galet! Det betyder att fabriken kanske aldrig blir av," svarade den andra.

Evert och Märta blev tysta. Fabriken var ett stort projekt i byn, och många hade hoppats på nya jobb. Om det inte blev något skulle många bli besvikna.

När kvinnorna gick tittade Märta på Evert. "Ska vi säga något till de andra?" frågade hon.

Evert skakade på huvudet. "Inte än. Vi vet inte om det är sant."

De fortsatte att dricka sitt kaffe, men samtalet kändes annorlunda den dagen. Deras lilla by, som alltid hade känts lugn och förutsägbar, hade plötsligt fått en hemlighet.

På vägen hem sa Märta: "Jag tror att vi kommer att höra mer om det här snart."

Evert nickade. "Ja, men oavsett vad som händer, har vi fortfarande vårt kafferep på torget."

Coffee Party

Evert and Märta were old and owned a small shop in a sleepy village. They had sold everything from buttons to coffee for over forty years. Every Thursday, they closed the shop early and went to the square. There, they had their coffee party.

They brought a thermos of coffee, a tin of cookies, and two chairs. They always sat under the big tree in the middle of the square. There, they talked about everything.

"Have you heard that Anna got a new dog?" Märta asked one day.

"Yes," Evert replied. "It barks all night! I heard it yesterday."

They laughed and ate cookies. But sometimes, they talked about bigger things too.

"Do you think the world was better in the past?" Märta asked another day.

"I don't know," Evert answered. "But I know that coffee was cheaper!"

They always laughed together, no matter what they talked about.

One Thursday, they sat as usual in the square. It was a sunny day, and the birds were singing. Two young women sat on the bench next to them and spoke softly. Märta and Evert didn't hear them at first, but then one of the women raised her voice.

"But what if it's true?" said one woman.

"If it's true, half the village will be shocked," the other replied.

Evert and Märta looked at each other. "What do you think they mean?" Märta whispered.

They tried to pretend they weren't listening, but it was hard. The women continued talking.

"I heard that Johan actually sold the land secretly," said the first.

"That's crazy! It means the factory might never happen," replied the other.

Evert and Märta became silent. The factory was a big project in the village, and many had hoped for new jobs. If nothing came of it, many would be disappointed.

When the women left, Märta looked at Evert. "Should we tell the others?" she asked.

Evert shook his head. "Not yet. We don't know if it's true."

They continued drinking their coffee, but the conversation felt different that day. Their little village, which had always felt calm and predictable, had suddenly gotten a secret.

On the way home, Märta said, "I think we'll hear more about this soon."

Evert nodded. "Yes, but no matter what happens, we still have our coffee party at the square."

Skuggan

J ohan bodde i en liten by på landet. Han ägde en sågverk som hade tillhört hans familj i tre generationer. Men tiderna hade blivit svåra. Färre människor behövde trä, och maskinerna på sågverket var gamla och dyra att reparera.

En dag satt Johan vid sitt skrivbord och tittade på räkningarna. "Om vi inte hittar pengar snart," tänkte han, "måste jag stänga sågverket."

Hans fru, Elin, kom in i rummet. "Johan," sa hon, "du måste prata med Åke. Han kan hjälpa oss."

Åke var en rik man från en annan stad. Han hade hört om Johans problem och erbjudit sig att investera i sågverket. Men det var något med Åke som fick Johan att tveka.

Nästa dag kom Åke till sågverket. Han var klädd i en fin kostym och hade ett stort leende. "Johan," sa han, "jag kan rädda ditt sågverk. Jag ger dig pengar för att köpa nya maskiner. Men du måste låta mig äga halva företaget."

Johan visste inte vad han skulle säga. Om han accepterade Åkes hjälp skulle han förlora kontrollen över sågverket. Men om han tackade nej, skulle företaget gå under.

På kvällen pratade Johan med sin bror, Per. Per hade tidigare jobbat på sågverket, men de två bröderna hade slutat prata efter ett stort gräl för flera år sedan.

"Varför vill Åke hjälpa dig?" frågade Per.

"Han säger att han tror på företaget," svarade Johan.

Per skakade på huvudet. "Åke bryr sig inte om sågverket. Han vill bara tjäna pengar. Om du låter honom ta över, kommer han att förstöra allt farfar och pappa byggde."

Johan blev arg. "Och vad vet du om det? Du lämnade oss när vi behövde dig som mest!"

Per blev tyst, men sedan sa han: "Jag gjorde misstag. Men jag bryr mig fortfarande om sågverket. Om du vill kämpa för det, är jag här för att hjälpa dig."

Johan tänkte hela natten. På morgonen bestämde han sig. När Åke kom tillbaka sa Johan: "Tack för ditt erbjudande, men jag kan inte acceptera det."

Åke blev förvånad. "Utan mig kommer ditt sågverk att gå i konkurs," sa han.

"Kanske," sa Johan. "Men jag måste kunna se mig själv i spegeln."

Med hjälp av Per och Elin började Johan arbeta hårdare än någonsin. De renoverade maskinerna själva och hittade nya kunder. Det var inte lätt, men Johan kände sig stolt över att ha gjort det rätta.

The Shadow

———

Johan lived in a small village in the countryside. He owned a sawmill that had belonged to his family for three generations. But times had become tough. Fewer people needed wood, and the machines at the sawmill were old and expensive to repair.

One day, Johan sat at his desk, looking at the bills. "If we don't find money soon," he thought, "I'll have to close the sawmill."

His wife, Elin, entered the room. "Johan," she said, "you have to talk to Åke. He can help us."

Åke was a rich man from another town. He had heard about Johan's problems and offered to invest in the sawmill. But there was something about Åke that made Johan hesitate.

The next day, Åke came to the sawmill. He was dressed in a fine suit and wore a big smile. "Johan," he said, "I can save your sawmill. I'll give you money to buy new machines. But you have to let me own half of the company."

Johan didn't know what to say. If he accepted Åke's help, he would lose control of the sawmill. But if he declined, the company would go under.

That evening, Johan talked to his brother, Per. Per had previously worked at the sawmill, but the two brothers had stopped talking after a big argument years ago.

"Why does Åke want to help you?" asked Per.

"He says he believes in the company," Johan replied.

Per shook his head. "Åke doesn't care about the sawmill. He just wants to make money. If you let him take over, he'll ruin everything Grandpa and Dad built."

Johan got angry. "And what do you know about it? You left us when we needed you the most!"

Per became silent, but then said, "I made mistakes. But I still care about the sawmill. If you want to fight for it, I'm here to help you."

Johan thought all night. In the morning, he made his decision. When Åke came back, Johan said, "Thank you for your offer, but I can't accept it."

Åke was surprised. "Without me, your sawmill will go bankrupt," he said.

"Maybe," Johan replied. "But I need to be able to look myself in the mirror."

With the help of Per and Elin, Johan worked harder than ever. They renovated the machines themselves and found new customers. It wasn't easy, but Johan felt proud to have done the right thing.

Sjöhusets Hemlighet

Astrid kände sig trött. Hon behövde en paus från sitt liv i staden. En dag bestämde hon sig för att åka till sin familjs sjöhus. Sjöhuset låg vid en liten sjö, omringad av skog. Där kunde hon vara ensam och tänka.

När hon kom fram öppnade hon dörren och kände doften av trä och gammalt tyg. Huset hade stått tomt länge, men allt var som hon mindes det. Hon satte sig på verandan och tittade ut över vattnet. Sjön var stilla, och solen glittrade på ytan.

På andra dagen i sjöhuset började Astrid städa vinden. Där fanns gamla möbler, böcker och lådor. I en av lådorna hittade hon en dagbok. Dagboken var gammal och hade hennes gammelmormors namn på omslaget: Klara.

Astrid öppnade försiktigt boken och började läsa. Sidorna var fulla av Klara's tankar och berättelser. Hon skrev om sitt liv i sjöhuset, sina drömmar och sina hemligheter.

"Jag älskar sjön," skrev Klara. *"Men det är också här jag har gömt min största sorg."*

Astrid blev nyfiken. Vad menade Klara? Ju mer hon läste, desto mer förstod hon att Klara hade haft ett svårt liv. Hon hade förlorat någon hon älskade och aldrig berättat det för någon.

En dag skrev Klara om en plats vid sjön. *"Där vid stenen,"* stod det, *"gömde jag ett brev som berättar allt."*

Astrid gick genast ner till sjön. Hon hittade stenen som Klara beskrev och började gräva i jorden bredvid den. Till slut hittade hon en liten metalllåda. I lådan låg ett gammalt brev.

I brevet berättade Klara om en hemlig kärlek och hur hon hade tvingats lämna honom. Hon skrev också om hur hon hade känt sig ensam och hur sjöhuset blev hennes enda tröst.

När Astrid läste färdigt brevet kände hon sig nära Klara, trots att de aldrig hade träffats. Hon insåg att sjöhuset inte bara var en plats för lugn, utan också ett hem för gamla berättelser och minnen.

Astrid stannade kvar i sjöhuset en vecka till. Hon fortsatte att läsa dagboken och tänkte på Klara. När hon åkte hem igen kände hon sig starkare och mer kopplad till sin familjs historia.

The Secret of the Lakeside House

Astrid felt tired. She needed a break from her life in the city. One day, she decided to go to her family's lakeside house. The house was located by a small lake, surrounded by forest. There, she could be alone and think.

When she arrived, she opened the door and smelled the scent of wood and old fabric. The house had been empty for a long time, but everything was just as she remembered it. She sat down on the porch and looked out over the water. The lake was calm, and the sun sparkled on the surface.

On the second day at the lakeside house, Astrid began cleaning the attic. There were old furniture, books, and boxes. In one of the boxes, she found a diary. The diary was old, and it had her great-grandmother's name on the cover: Klara.

Astrid carefully opened the book and began reading. The pages were full of Klara's thoughts and stories. She wrote about her life at the lakeside house, her dreams, and her secrets.

"I love the lake," Klara wrote. *"But it is also here that I have hidden my greatest sorrow."*

Astrid became curious. What did Klara mean? The more she read, the more she understood that Klara had had a difficult life. She had lost someone she loved and never told anyone about it.

One day, Klara wrote about a place by the lake. *"There by the stone,"* it said, *"I hid a letter that tells everything."*

Astrid immediately went down to the lake. She found the stone Klara had described and started digging in the ground beside it. Eventually, she found a small metal box. Inside the box was an old letter.

In the letter, Klara wrote about a secret love and how she had been forced to leave him. She also wrote about how she had felt lonely and how the lakeside house became her only comfort.

When Astrid finished reading the letter, she felt close to Klara, even though they had never met. She realized that the lakeside house was not only a place of peace, but also a home for old stories and memories.

Astrid stayed in the lakeside house for another week. She continued reading the diary and thought about Klara. When she went home again, she felt stronger and more connected to her family's history.

Vinden i Trappan

Leif var en violinist som ville ha lugn och ro. Han lämnade staden och hyrde en gammal lägenhet i en liten by. Lägenheten låg högst upp i ett gammalt hus med knarrande trappor och stora fönster.

Första dagen packade Leif upp sina saker. Han ställde sin violin i hörnet av vardagsrummet. Utanför blåste vinden, och trappan knarrade varje gång någon gick upp eller ner.

På kvällen, när Leif spelade violin, hörde han något märkligt. En melodi, svag och nästan som en viskning, kom från trappan. Han slutade spela och lyssnade. Men då blev det tyst.

Nästa dag frågade han grannen, en äldre kvinna som hette Greta.

"Har du hört musik från trappan?" frågade Leif.

Greta log lite. "Det sägs att en kompositör bodde här för länge sedan. Han skrev musik hela tiden. Men något hände, och nu pratar ingen om honom längre."

Leif blev nyfiken. Han gick tillbaka till lägenheten och började leta. I ett gammalt skåp hittade han papper. Det var noter, skrivna för piano och violin. De hade en signatur: "R. Eklund."

Han började spela melodin på sin violin. Tonerna var vackra men sorgliga. När han spelade kände han nästan att någon lyssnade.

Vinden blåste genom fönstren, och det kändes som om trappan suckade.

Leif ville veta mer om R. Eklund. Han gick till byns bibliotek och hittade en gammal bok. Där stod det att R. Eklund var en begåvad kompositör, men han hade blivit anklagad för att stjäla en annan musikers verk. Hans namn hade försvunnit från historien.

Leif kunde inte släppa tanken på Eklund. Han spelade melodin om och om igen. Varje gång kändes det som om musiken ville säga något.

En natt, medan Leif spelade, hörde han en dörr öppnas. Han gick ut i trappan, men ingen var där. Endast vinden rörde sig.

Leif bestämde sig för att spela melodin på en konsert i byn. Han berättade för publiken om R. Eklund och hans glömda musik. När Leif spelade, verkade vinden i trappan försvinna. Det var som om musiken hittade sitt hem igen.

Efter konserten kändes lägenheten annorlunda. Trappan knarrade inte lika mycket, och vinden var stilla. Leif kände att han hade gett R. Eklund's musik tillbaka till världen.

The Wind in the Stairs

Leif was a violinist who wanted peace and quiet. He left the city and rented an old apartment in a small village. The apartment was at the top of an old building with creaky stairs and large windows.

On the first day, Leif unpacked his things. He placed his violin in the corner of the living room. Outside, the wind was blowing, and the stairs creaked every time someone walked up or down.

In the evening, as Leif played the violin, he heard something strange. A melody, faint and almost like a whisper, came from the stairs. He stopped playing and listened. But then it became silent.

The next day, he asked the neighbor, an elderly woman named Greta.

"Have you heard music from the stairs?" Leif asked.

Greta smiled slightly. "It's said that a composer lived here a long time ago. He wrote music all the time. But something happened, and now no one speaks of him anymore."

Leif became curious. He went back to the apartment and began searching. In an old cupboard, he found papers. They were sheet music, written for piano and violin. They had a signature: "R. Eklund."

He started playing the melody on his violin. The notes were beautiful but sad. As he played, he almost felt like someone was listening. The wind blew through the windows, and it felt as though the stairs were sighing.

Leif wanted to know more about R. Eklund. He went to the village library and found an old book. It said that R. Eklund was a gifted composer, but he had been accused of stealing another musician's work. His name had vanished from history.

Leif couldn't shake the thought of Eklund. He played the melody over and over again. Each time, it felt as if the music wanted to say something.

One night, while Leif was playing, he heard a door open. He went out into the stairs, but no one was there. Only the wind was moving.

Leif decided to play the melody at a concert in the village. He told the audience about R. Eklund and his forgotten music. When Leif played, it seemed as though the wind in the stairs disappeared. It was as if the music had found its home again.

After the concert, the apartment felt different. The stairs didn't creak as much, and the wind was still. Leif felt that he had given R. Eklund's music back to the world.

Blommor för Klara

Anja arbetade i en liten blomsterbutik i byn. Hon älskade blommor och visste allt om deras färger och dofter. Varje fredag kom en tyst kvinna till butiken. Hon hette Klara och köpte alltid samma bukett: vita liljor och blå violer.

"Vill du prova något nytt idag?" frågade Anja en fredag.

Klara skakade på huvudet och log lite. "Nej tack, det här är perfekt," sa hon.

Anja blev nyfiken. Varför köpte Klara samma blommor varje vecka? Och vart tog hon dem?

En fredag bestämde sig Anja för att följa efter Klara. Hon gick försiktigt bakom henne när Klara lämnade butiken med sin bukett. Klara gick genom byn och ut till en liten kyrkogård.

Anja stannade på avstånd och såg Klara gå till en grav. Hon satte blommorna på graven, satte sig ner och lutade huvudet mot händerna. Det såg ut som om hon pratade med någon, men ingen annan var där.

Nästa fredag, när Klara kom in i butiken, frågade Anja försiktigt: "Är liljorna och violerna för någon speciell?"

Klara tittade ner på golvet och nickade. "Ja," sa hon tyst. "För min syster. Hon älskade de här blommorna."

Anja blev rörd. Hon ville hjälpa Klara att göra buketten ännu vackrare. "Vad sägs om att vi lägger till några vita rosor nästa gång? De betyder fred."

Klara tänkte en stund och log sedan. "Det skulle hon ha gillat," sa hon.

Fredagen därpå gjorde Anja en extra fin bukett med liljor, violer och rosor. När Klara såg den blev hennes ögon fyllda med tårar. "Tack," sa hon.

Efter det blev Klara och Anja vänner. Varje fredag hjälpte Anja Klara att välja blommor, och ibland följde hon med till kyrkogården. Klara berättade historier om sin syster, och Anja lyssnade.

Blommorna blev mer än bara en bukett. De blev en tröst och ett sätt för Klara att känna sig närmare sin syster. Och för Anja blev de en påminnelse om hur mycket blommor kan betyda för människor.

Flowers for Klara

Anja worked in a small flower shop in the village. She loved flowers and knew everything about their colors and scents. Every Friday, a quiet woman came to the shop. Her name was Klara, and she always bought the same bouquet: white lilies and blue violets.

"Would you like to try something new today?" Anja asked one Friday.

Klara shook her head and smiled slightly. "No, thank you, this is perfect," she said.

Anja became curious. Why did Klara buy the same flowers every week? And where did she take them?

One Friday, Anja decided to follow Klara. She walked quietly behind her as Klara left the shop with her bouquet. Klara walked through the village and out to a small cemetery.

Anja stopped at a distance and watched as Klara walked to a grave. She placed the flowers on the grave, sat down, and leaned her head into her hands. It looked like she was talking to someone, but no one else was there.

The next Friday, when Klara came into the shop, Anja gently asked, "Are the lilies and violets for someone special?"

Klara looked down at the floor and nodded. "Yes," she said quietly. "For my sister. She loved these flowers."

Anja was moved. She wanted to help Klara make the bouquet even more beautiful. "How about we add some white roses next time? They symbolize peace."

Klara thought for a moment and then smiled. "She would have liked that," she said.

The following Friday, Anja made an extra beautiful bouquet with lilies, violets, and roses. When Klara saw it, her eyes filled with tears. "Thank you," she said.

After that, Klara and Anja became friends. Every Friday, Anja helped Klara choose flowers, and sometimes she went with her to the cemetery. Klara told stories about her sister, and Anja listened.

The flowers became more than just a bouquet. They became a comfort and a way for Klara to feel closer to her sister. And for Anja, they became a reminder of how much flowers can mean to people.

Sista Natten i Lövgården

Elise var en ung författare som ville skriva sin första bok. Hon hyrde en liten stuga i Lövgården, en lugn och avlägsen plats med höga träd och fågelkvitter. Där kunde hon fokusera och skriva utan störningar.

Under flera veckor skrev Elise varje dag. Hon drack te, tittade ut genom fönstret och lät orden flöda. Hennes bok handlade om en kvinna som letade efter en förlorad skatt i en gammal skog.

Men Elise hade svårt att skriva slutet. Hon visste inte hur historien skulle sluta och kände sig fast.

På sin sista natt i stugan satt Elise vid sitt skrivbord. Hon skrev långsamt, men idéerna kom inte. Plötsligt hörde hon en knackning på dörren.

"Vem kan det vara?" mumlade hon och gick för att öppna.

Utanför stod en man. Han hade en lång rock och en hatt som skuggade hans ansikte.

"God kväll," sa mannen. "Jag hoppas jag inte stör."

Elise blev förvånad. "Vem är du?" frågade hon.

"Jag heter Nils," svarade han. "Jag är en vän av berättelser. Jag hörde att du skriver en bok."

Elise kände sig osäker men nickade. "Ja, men jag har problem med slutet."

Nils log. "Slut är viktiga. Får jag komma in? Kanske kan jag hjälpa."

Elise tvekade men lät honom komma in. Han satte sig vid bordet och tittade på hennes manus.

"Din historia är bra," sa Nils. "Men du har glömt något viktigt."

"Vad då?" frågade Elise.

Nils såg henne djupt i ögonen. "Du måste avsluta vad du har påbörjat. Kvinnan i din bok vet redan var skatten är. Hon väntar bara på att du ska ge henne modet att hitta den."

Elise blev förvirrad. "Hur vet du så mycket om min bok?"

Nils reste sig upp. "Kanske för att jag också är en del av din historia."

Innan Elise kunde säga något mer öppnade Nils dörren och gick ut i natten. Hon sprang efter honom, men han var borta.

När hon gick tillbaka till stugan kände hon en märklig energi. Hon satte sig vid skrivbordet och började skriva igen. Orden kom lätt, som om någon viskade dem i hennes huvud.

När morgonen kom var boken färdig. Elise tittade ut genom fönstret och såg skogen bada i solens ljus. Hon tänkte på Nils och undrade vem han egentligen var.

När hon lämnade stugan den dagen visste hon en sak: Lövgården hade gett henne mer än bara en plats att skriva. Det hade gett henne en historia som hon aldrig skulle glömma.

31

The Last Night in Leafgrove

Elise was a young author who wanted to write her first book. She rented a small cottage in Leafgrove, a quiet and remote place with tall trees and birdsong. There, she could focus and write without distractions.

For several weeks, Elise wrote every day. She drank tea, looked out the window, and let the words flow. Her book was about a woman searching for a lost treasure in an ancient forest.

But Elise struggled with the ending. She didn't know how the story should end and felt stuck.

On her last night in the cottage, Elise sat at her desk. She wrote slowly, but the ideas didn't come. Suddenly, she heard a knock at the door.

"Who could that be?" she muttered, getting up to open it.

Outside stood a man. He wore a long coat and a hat that shadowed his face.

"Good evening," said the man. "I hope I'm not disturbing you."

Elise was surprised. "Who are you?" she asked.

"My name is Nils," he replied. "I'm a friend of stories. I heard you're writing a book."

Elise felt uncertain but nodded. "Yes, but I'm having trouble with the ending."

Nils smiled. "Endings are important. May I come in? Perhaps I can help."

Elise hesitated but let him inside. He sat at the table and looked at her manuscript.

"Your story is good," said Nils. "But you've forgotten something important."

"What's that?" Elise asked.

Nils looked her deep in the eyes. "You must finish what you've started. The woman in your book already knows where the treasure is. She's just waiting for you to give her the courage to find it."

Elise was confused. "How do you know so much about my book?"

Nils stood up. "Maybe because I'm also part of your story."

Before Elise could say anything more, Nils opened the door and stepped out into the night. She ran after him, but he was gone.

When she returned to the cottage, she felt a strange energy. She sat down at the desk and began to write again. The words came easily, as if someone were whispering them into her mind.

By morning, the book was finished. Elise looked out the window and saw the forest bathed in the light of the sun. She thought about Nils and wondered who he really was.

When she left the cottage that day, she knew one thing: Leafgrove had given her more than just a place to write. It had given her a story she would never forget.

35

Sandfågeln

Malin var i sin morfars gamla hus. Han hade nyligen gått bort, och Malin hjälpte sin mamma att städa upp. I trädgården fanns ett litet skjul, fullt av damm och gamla saker.

"Kan du gå igenom sakerna i skjulet?" frågade hennes mamma.

"Visst," svarade Malin och öppnade dörren.

Skjulet var mörkt och luktade av trä och jord. Det fanns lådor, verktyg och gamla möbler. Malin började sortera och hittade små minnessaker: fotografier, böcker och brev.

På en hylla såg hon något som fångade hennes blick. Det var en liten fågel, skulpterad i sandsten. Den var så fin och detaljerad att det nästan såg ut som om den skulle flyga iväg.

"Vad är det här?" mumlade Malin och höll försiktigt fågeln i sina händer.

Hon tog med sig sandfågeln till sin mamma. "Mamma, vet du vad det här är?"

Hennes mamma tittade på den och log. "Jag har hört talas om den. Din morfar gjorde den under kriget."

"Kriget?" frågade Malin.

Hennes mamma nickade. "Han var ung då och kämpade långt hemifrån. Men på kvällarna, när han hade tid, skulpterade han.

Den här fågeln gjorde han av sand och sten som han hittade där han var."

Malin blev tyst. Hon hade aldrig hört mycket om sin morfars tid i kriget.

"Han brukade säga att fågeln påminde honom om frihet," fortsatte hennes mamma. "Att en dag skulle allt bli bättre."

Malin höll fågeln nära. Hon kunde nästan känna sin morfars hopp och styrka i den.

När hon gick tillbaka till skjulet hittade hon en gammal dagbok. Den tillhörde hennes morfar. Hon öppnade den och började läsa. I dagboken berättade han om svåra dagar under kriget, men också om kärlek och drömmar.

"Sandfågeln var min styrka," hade han skrivit. "Den hjälpte mig att minnas att jag en dag skulle komma hem."

Malin satt i skjulet och läste tills solen gick ner. Hon kände sig närmare sin morfar än någonsin förut.

När hon lämnade skjulet, höll hon sandfågeln i händerna. Hon visste att hon hade hittat mer än bara en skulptur. Hon hade hittat en del av sin familjs historia och en berättelse om hopp och kärlek som hon aldrig skulle glömma.

The Sand Bird

Malin was in her grandfather's old house. He had recently passed away, and Malin was helping her mother clean up. In the garden, there was a small shed, filled with dust and old things.

"Can you go through the things in the shed?" her mother asked.

"Sure," Malin replied, opening the door.

The shed was dark and smelled of wood and earth. There were boxes, tools, and old furniture. Malin began sorting through and found small keepsakes: photographs, books, and letters.

On a shelf, something caught her eye. It was a small bird, sculpted from sandstone. It was so beautiful and detailed that it almost looked like it could fly away.

"What is this?" Malin muttered, gently holding the bird in her hands.

She took the sand bird to her mother. "Mom, do you know what this is?"

Her mother looked at it and smiled. "I've heard of it. Your grandfather made it during the war."

"The war?" Malin asked.

Her mother nodded. "He was young then, fighting far from home. But in the evenings, when he had time, he sculpted. He made this bird from sand and stones he found where he was."

Malin fell silent. She had never heard much about her grandfather's time in the war.

"He used to say the bird reminded him of freedom," her mother continued. "That one day everything would get better."

Malin held the bird close. She could almost feel her grandfather's hope and strength in it.

When she went back to the shed, she found an old diary. It belonged to her grandfather. She opened it and began to read. In the diary, he wrote about the hard days during the war, but also about love and dreams.

"The sand bird was my strength," he had written. "It helped me remember that one day I would come home."

Malin sat in the shed, reading until the sun went down. She felt closer to her grandfather than ever before.

When she left the shed, she held the sand bird in her hands. She knew she had found more than just a sculpture. She had discovered a part of her family's history and a story of hope and love that she would never forget.

Tystnaden på Stugan

Lars och Greta var ett pensionerat par som älskade sin lilla stuga i skogen. Varje sommar tillbringade de veckorna där, långt bort från staden och allt bråk. Stugan var enkel, men det var deras fristad. De brukade sitta på verandan, dricka kaffe och titta på skogen som sakta förändrades med årstiderna.

En dag, när de satt tysta och såg på solnedgången, hörde de plötsligt ett ljud. Någon knackade på dörren.

"Vem kan det vara?" sa Lars och gick för att öppna dörren.

Till hans förvåning stod en man där. Han var äldre, men Lars kände igen honom direkt. "Erik?" sa Lars.

Erik, en gammal vän från deras ungdom, stod framför dem. Greta såg förvånat på honom, men hon sa inget. Erik var inte någon de hade haft kontakt med på många år.

"Vad gör du här?" frågade Lars.

"Jag... jag ville prata," svarade Erik, och hans röst var låg och osäker.

Lars och Greta släppte in Erik i stugan, men stämningen var genast förändrad. Den tysta och lugna atmosfären i stugan försvann. Greta satte sig vid bordet och tittade ner i sitt te. Lars gick fram till fönstret och tittade ut på skogen, men han sa inget.

Erik började prata om gamla minnen, om saker som hade hänt för länge sedan. Han berättade om sin familj, om sina egna svårigheter och om tiden de hade tillbringat tillsammans som unga. Men ju längre han pratade, desto mer kände Lars och Greta att något var fel. Det var som om Erik hade något han inte sa.

När kvällen kom, satt de alla tre tysta i rummet. Ingen sa ett ord. Den gamla vänskapen var borta, och det var som om Erik hade väckt något i deras förflutna som de inte ville minnas.

"Vi kanske ska gå och lägga oss," sa Greta till slut, och hennes röst var låg.

Erik såg på henne, och det var något i hans blick som sa att han också kände den tunga tystnaden. Han reste sig och gick mot dörren. "Jag ska gå nu," sa han. "Jag är ledsen för att jag kom."

När Erik gick, stängde Lars dörren och gick tillbaka till sitt ställe vid fönstret. Greta satte sig tyst vid bordet. De sa inget till varandra, men de båda kände på sig att det var något som inte var som förut.

När de gick till sängs den kvällen var tystnaden lika tung som den hade varit under hela besöket. Deras fredliga liv i stugan var inte längre som innan. Något från deras förflutna hade kommit tillbaka, och nu fanns det ingen väg att gå tillbaka till det som varit.

The Silence in the Cabin

Lars and Greta were a retired couple who loved their little cabin in the woods. Every summer, they spent their weeks there, far from the city and all the noise. The cabin was simple, but it was their sanctuary. They used to sit on the porch, drink coffee, and watch the forest slowly change with the seasons.

One day, as they sat in silence watching the sunset, they suddenly heard a sound. Someone knocked on the door.

"Who could it be?" Lars said as he went to open the door.

To his surprise, there was a man standing there. He was older, but Lars recognized him immediately. "Erik?" Lars said.

Erik, an old friend from their youth, stood before them. Greta looked at him in surprise, but she didn't say anything. Erik was someone they hadn't been in contact with for many years.

"What are you doing here?" Lars asked.

"I... I wanted to talk," Erik replied, his voice low and uncertain.

Lars and Greta let Erik into the cabin, but the atmosphere immediately changed. The quiet and peaceful ambiance in the cabin disappeared. Greta sat at the table and looked down into her tea. Lars walked to the window and gazed out at the forest, but he said nothing.

Erik began talking about old memories, about things that had happened a long time ago. He spoke of his family, his own struggles, and the time they had spent together when they were young. But the longer he talked, the more Lars and Greta felt that something was wrong. It was as if Erik was holding something back.

As evening came, all three of them sat in silence in the room. No one said a word. The old friendship was gone, and it felt as though Erik had awakened something in their past that they didn't want to remember.

"Maybe we should go to bed," Greta finally said, her voice quiet.

Erik looked at her, and there was something in his gaze that said he also felt the heavy silence. He got up and walked toward the door. "I'll leave now," he said. "I'm sorry I came."

When Erik left, Lars closed the door and went back to his spot by the window. Greta silently sat at the table. They didn't speak to each other, but both sensed that something was different now.

When they went to bed that night, the silence was as heavy as it had been throughout the visit. Their peaceful life in the cabin was no longer the same. Something from their past had come back, and now there was no way to return to what it had been before.

Skuggorna i Biblioteket

Ellen arbetade som bibliotekarie i en liten, lugn stad. Biblioteket var hennes stolthet. Hon älskade att sortera böcker, damma hyllor och hjälpa besökarna att hitta rätt bok. Varje morgon öppnade hon dörrarna med ett leende.

En dag, när Ellen städade en gammal hylla längst bak i biblioteket, märkte hon något ovanligt. Mellan två tjocka böcker låg en liten anteckningsbok. Den var dammig och hade ett brunt läderomslag. Hon plockade upp den och öppnade försiktigt.

Anteckningarna inuti var skrivna med snirklig handstil. De berättade om en man som älskade böcker och reste världen runt för att samla på dem. Men den sista sidan slutade plötsligt: *"Jag har hittat boken. Nu måste jag gömma den. Någon följer mig."*

Ellen kände hur hjärtat slog snabbare. Vem hade skrivit detta? Och vad var det för bok som mannen gömde? Hon såg sig omkring i det tysta biblioteket och kände en kall rysning längs ryggen.

Hon tog med sig anteckningsboken hem och läste den igen på kvällen. Varje sida avslöjade små ledtrådar. Det verkade som att mannen hade varit en bokhandlare som försvann för många år sedan.

Dagarna gick, och Ellen kunde inte släppa mysteriet. Hon började söka i bibliotekets arkiv. Där hittade hon gamla tidningsartiklar om en bokhandlare som hette Gustav Lind. Han försvann för trettio år sedan.

När Ellen läste mer, upptäckte hon något chockerande. Gustav Lind var hennes farfars bror! Ingen i hennes familj hade någonsin nämnt honom.

En kväll återvände Ellen till biblioteket. Hon gick till den gamla hyllan där hon hittat anteckningsboken. Hon började undersöka varje bok och hylla noggrant. Plötsligt hörde hon ett konstigt ljud, som om något föll.

Hon följde ljudet och fann en lös träbit på väggen. Bakom den fanns ett hemligt fack. Inuti låg en gammal bok med ett gulnat omslag. Titeln var nästan oläslig.

Ellen tog fram boken och öppnade den försiktigt. På första sidan stod det med samma handstil som i anteckningsboken: *"Till den som hittar detta: ta hand om min skatt."*

När Ellen lämnade biblioteket den kvällen, kände hon sig annorlunda. Hon hade inte bara löst ett gammalt mysterium utan också upptäckt en del av sin egen familjehistoria.

Och från den dagen visste Ellen att varje bok, hur gammal eller dammig den än är, har en historia att berätta.

The Shadows in the Library

Ellen worked as a librarian in a small, quiet town. The library was her pride and joy. She loved organizing books, dusting the shelves, and helping visitors find the perfect book. Every morning, she opened the doors with a smile.

One day, as Ellen was cleaning an old shelf at the back of the library, she noticed something unusual. Between two thick books lay a small notebook. It was dusty and had a brown leather cover. She picked it up and carefully opened it.

The notes inside were written in an elegant, flowing handwriting. They told the story of a man who loved books and traveled the world collecting them. But the last page ended abruptly: *"I have found the book. Now I must hide it. Someone is following me."*

Ellen felt her heartbeat quicken. Who had written this? And what was the book the man had hidden? She looked around the silent library and felt a chill run down her spine.

She took the notebook home and read it again that evening. Each page revealed small clues. It seemed the man had been a bookseller who disappeared many years ago.

Days passed, and Ellen couldn't let go of the mystery. She started digging into the library's archives. There, she found old newspaper articles about a bookseller named Gustav Lind. He had vanished thirty years earlier.

As Ellen read further, she discovered something shocking. Gustav Lind was her grandfather's brother! No one in her family had ever mentioned him.

One evening, Ellen returned to the library. She went to the old shelf where she had found the notebook. She began meticulously examining each book and shelf. Suddenly, she heard a strange noise, like something falling.

She followed the sound and found a loose wooden panel in the wall. Behind it was a hidden compartment. Inside lay an old book with a yellowed cover. The title was nearly illegible.

Ellen pulled out the book and carefully opened it. On the first page, written in the same handwriting as the notebook, were the words: *"To whoever finds this: take care of my treasure."*

When Ellen left the library that night, she felt different. She hadn't just solved an old mystery; she had uncovered a part of her own family's history.

From that day forward, Ellen knew that every book, no matter how old or dusty, has a story to tell.

Spegeln

Johan hade precis ärvt ett gammalt hus från en avlägsen släkting. Det låg på landsbygden, långt från stadens buller. Huset var stort och fullt av damm, med knarrande trappor och tjocka gardiner som täckte smutsiga fönster.

"Jag ska spendera sommaren här," tänkte Johan. "Jag ska städa, reparera och kanske göra huset till mitt eget."

Han började på bottenvåningen. Köket hade en gammal vedspis, och vardagsrummet var fyllt med tunga möbler. På väggarna hängde bleka fotografier av människor han inte kände.

En dag bestämde han sig för att undersöka vinden. Det var en smal trappa upp till en liten dörr. När han öppnade dörren kände han lukten av damm och gammalt trä.

Vinden var full av lådor, gamla kläder och möbler täckta av lakan. Men mitt i rummet stod en stor spegel. Den hade en ram av mörkt trä, utsmyckad med snidade blommor och blad. Spegeln såg ut att vara väldigt gammal.

Johan gick fram och torkade bort dammet med handen. När han tittade in i spegeln såg han inte bara sig själv. Han såg något märkligt. Bakom sin egen spegelbild kunde han ana en kvinna i en lång klänning.

Han vände sig om, men ingen var där. När han tittade tillbaka i spegeln var kvinnan borta. Johan ryste men försökte övertyga sig själv att det bara var en inbillning.

Dagarna gick, och Johan fortsatte städa huset. Men varje gång han gick upp på vinden, drogs hans blick mot spegeln. Ibland såg han bilder av människor – en man som satt och skrev vid ett bord, ett barn som lekte med en boll, eller en kvinna som broderade vid ett fönster.

Johan blev mer och mer fascinerad. Han började skriva ner vad han såg i en liten anteckningsbok. Han insåg snart att spegeln visade ögonblick från det förflutna – ögonblick från människors liv som hade bott i huset.

En kväll såg Johan något som chockade honom. I spegeln såg han en man som liknade hans egen farfar. Mannen satt och pratade med en kvinna som såg ut att vara gravid. Johan visste att hans farfar aldrig hade nämnt något om att ha bott i huset.

Johan började undersöka sin familjehistoria. Han hittade gamla brev i ett skåp på vinden. Breven avslöjade att hans farfar hade haft en äldre bror som försvann för många år sedan. Den gravida kvinnan i spegeln var hans farfars svägerska.

När sommaren tog slut, hade Johan lärt sig mycket om både huset och sin familj. Spegeln stod fortfarande på vinden, tyst och mystisk. Men Johan kände en ny koppling till det förflutna.

Huset var inte längre bara ett arv. Det var en del av hans historia.

The Mirror

———

Johan had just inherited an old house from a distant relative. It was located in the countryside, far from the noise of the city. The house was large and dusty, with creaking stairs and thick curtains covering grimy windows.

"I'll spend the summer here," Johan thought. "I'll clean, repair, and maybe make this house my own."

He started with the ground floor. The kitchen had an old wood-burning stove, and the living room was filled with heavy furniture. Faded photographs of people he didn't recognize hung on the walls.

One day, Johan decided to explore the attic. A narrow staircase led up to a small door. When he opened it, he was met with the smell of dust and aged wood.

The attic was full of boxes, old clothes, and furniture covered in sheets. But in the middle of the room stood a large mirror. Its frame was made of dark wood, adorned with carvings of flowers and leaves. The mirror looked very old.

Johan stepped closer and wiped away the dust with his hand. When he looked into the mirror, he didn't just see himself. He saw something strange. Behind his reflection, he could faintly make out a woman in a long dress.

He turned around, but no one was there. When he looked back at the mirror, the woman was gone. Johan shivered but tried to convince himself it was just his imagination.

Days passed, and Johan continued to clean the house. But every time he went up to the attic, his eyes were drawn to the mirror. Sometimes, he saw images of people—a man sitting at a desk writing, a child playing with a ball, or a woman embroidering by a window.

Johan became increasingly fascinated. He started jotting down what he saw in a small notebook. He soon realized the mirror was showing glimpses of the past—moments from the lives of people who had lived in the house.

One evening, Johan saw something that shocked him. In the mirror, he saw a man who resembled his grandfather. The man was sitting and talking to a woman who appeared to be pregnant. Johan knew his grandfather had never mentioned living in the house.

Curious, Johan began investigating his family history. He found old letters in a cabinet in the attic. The letters revealed that his grandfather had an older brother who disappeared many years ago. The pregnant woman in the mirror was his grandfather's sister-in-law.

By the end of the summer, Johan had learned a great deal about both the house and his family. The mirror remained in the attic, silent and mysterious. But Johan now felt a deep connection to the past.

The house was no longer just an inheritance. It was a part of his story.

Röster i Regnet

Elin bodde i en liten kuststad. Hon var pensionerad lärare och levde ett lugnt liv. Varje kväll gick hon en promenad längs stadens smala gator. Det regnade ofta i staden, och Elin gillade ljudet av regnet mot stenarna.

En kväll, när regnet föll tungt, hörde Elin något märkligt. Först trodde hon att det bara var vinden. Men det lät som röster. Svaga viskningar som kom från regnet.

Hon stannade och lyssnade. Rösterna var svaga, men hon kunde höra ord som "vänta" och "förlåt." Elin ryste och fortsatte gå.

"Någon måste skoja med mig," tänkte hon.

Nästa kväll gick hon samma väg. Regnet föll igen, och rösterna kom tillbaka. Den här gången lät det som en man och en kvinna som pratade. Orden var otydliga, men Elin hörde ordet "kärlek."

Elin blev nyfiken. Var kom rösterna ifrån? Hon började gå långsammare och lyssna noga.

Under de följande kvällarna hörde hon fler röster. De berättade fragment av historier. En kvinna grät och sa att hon hade förlorat sitt barn. En ung man viskade om sitt livs stora kärlek som han aldrig fick.

Elin kände sig märkligt kopplad till rösterna. Hon började undra om de hade något att göra med stadens historia – och kanske till och med med hennes egen familj.

En kväll följde hon rösterna ner till hamnen. Där stod en gammal bänk. Elin satte sig och lyssnade. Rösterna blev tydligare.

"Du kan inte lämna mig!" hörde hon en man säga.

"Jag har inget val," svarade en kvinna sorgset.

Elin rörde vid bänkens träyta. Hon kände en koppling, som om hon varit här förut. Plötsligt mindes hon en historia hennes mormor brukade berätta. Det handlade om en man som lämnade staden under kriget och aldrig kom tillbaka. Kvinnan han älskade hade väntat på honom vid den här bänken varje kväll.

Elin insåg att rösterna i regnet kanske var minnen från det förflutna. Hon kände en sorg, men också en tröst.

När hon gick hem den kvällen kände hon sig annorlunda. Hon förstod nu att rösterna inte bara var historier om andra människor. De påminde henne om hur viktigt det är att minnas, att känna, och att leva i nuet.

Och varje gång det regnade, gick Elin till bänken vid hamnen för att lyssna.

Voices in the Rain

E lin lived in a small coastal town. A retired teacher, she led a quiet life. Every evening, she would take a stroll through the narrow streets of the town. It rained often there, and Elin loved the sound of the rain against the cobblestones.

One evening, as the rain poured heavily, Elin heard something strange. At first, she thought it was just the wind. But it sounded like voices. Faint whispers carried by the rain.

She stopped and listened. The voices were soft, but she could make out words like *"wait"* and *"forgive me."* A shiver ran down her spine, and she continued walking.

"Someone must be playing a prank on me," she thought.

The next evening, she took the same route. The rain fell again, and so did the voices. This time, it sounded like a man and a woman talking. The words were indistinct, but she caught the word *"love."*

Elin grew curious. Where were the voices coming from? She started walking slower, listening closely.

Over the following evenings, she heard more voices. They told fragments of stories. A woman wept, saying she had lost her child. A young man whispered about the great love of his life, one he could never have.

Elin felt strangely connected to the voices. She began to wonder if they had something to do with the town's history—or perhaps even her own family.

One evening, she followed the voices down to the harbor. There stood an old bench. Elin sat down and listened. The voices grew clearer.

"You can't leave me!" she heard a man say.

"I have no choice," a woman replied sorrowfully.

Elin ran her fingers along the wooden surface of the bench. She felt a connection, as if she had been there before. Suddenly, she remembered a story her grandmother used to tell. It was about a man who left the town during the war and never returned. The woman he loved had waited for him at this very bench every evening.

Elin realized that the voices in the rain might be echoes of the past. She felt a deep sadness but also a sense of comfort.

As she walked home that night, she felt different. She understood now that the voices weren't just stories about other people. They were reminders—to remember, to feel, and to live in the present.

And every time it rained, Elin would return to the bench by the harbor to listen.